M. NEPPER, S.J.

Gusto en la oración

Obra Nacional de la Buena Prensa, A.C.
Ciudad de México

Gusto en la oración
M. Nepper, S.J.

Primera edición, mayo 2004

Hecho en México

ISBN: 970-693-208-9

Con las debidas licencias.

Derechos © reservados a favor de:

OBRA NACIONAL DE LA BUENA PRENSA, A.C.
Orozco y Berra 180, Col. Santa María la Ribera.
Tel. 5546 4500. Fax 5535 5589.
Lada sin costo: 01 800 5024 090.
Domicilio postal: Apartado M-2181.
06000 México, D.F.
ventas@buenaprensa.com
www.buenaprensa.com

Librerías:

San Cosme 5, Col. Santa María la Ribera.
 México, D.F. Tels. 5592 6928 y 5592 6948.
San Ignacio, Donceles 105-D, Centro.
 México, D.F. Tels. 5702 1818 y 5702 1648.
Miguel Agustín Pro, S.J.,
 Orizaba 39 bis, Col. Roma.
 México, D.F. Tels. 5207 7407 y 5207 8062.
Loyola, Congreso 8, Col. Tlalpan.
 México, D.F. Tels. 5513 6387 y 5513 6388.
San Ignacio, Madero y Pavo, Sector Juárez.
 Guadalajara, Jal. Tels. 3658 0936 y 3658 1170.
San Ignacio, San Ignacio, Washington esq. Villagómez.
 Monterrey, N.L. Tels. 8343 1112 y 8343 1121.
San Ignacio, Calz. Cuauhtémoc 750 Nte. Centro.
 Torreón, Coah. Tels. 793 1451 y 793 1452.

Se terminó de imprimir esta primera edición el día 26 de mayo de 2004, festividad de san Felipe Neri, en los talleres de Offset Santiago, S.A. de C.V. Río San Joaquín 436, Col. Ampliación Granada. 11520 México, D.F. Tel. 5531 7862.

ÍNDICE

I. LAS ACTIVIDADES DE LA ORACIÓN 5
   1. Saber comenzar 7
   2. Aprender a perseverar 15
   3. Terminar 31

II. ALGUNOS "HILOS CONDUCTORES"
    DE LA ORACIÓN 33
   1. La contemplación evangélica 35
   2. La aplicación de sentidos 40
   3. La meditación 41
   4. La oración de las listas 43
   5. Conclusión 45

III. LAS CONDICIONES DE UNA ORACIÓN
    FRUCTUOSA 47

   1. Preparación a la oración.
     ¿Cómo hacerla con provecho? 49
   2. "La oración preparatoria".
     ¿Cuál es su utilidad? 55
   3. ¿Tiene algún interés el revisar
     –examinar– la oración? 56

IV. Las dificultades clásicas
   de la oración 61

   1. Sugerencias útiles
      para el alma distraída 63
   2. El porqué de la sequedad 66
   3. Perspectivas tranquilizadoras
      para el alma desolada 69
   4. Conclusión 70

V. Las exigencias de toda oración 71

   1. Disciplinar la memoria
      y la imaginación 73
   2. Preocuparse la víspera por un mínimo
      de unión con Dios 75
   3. Aceptar con prudencia algunos
      "slogans" apostólicos 77
   4. Conclusión 81

VI. Término ideal de la oración
    y de este libro 83

PARTE I

LAS ACTIVIDADES DE LA ORACIÓN

Deja por el momento tus objeciones. Trata, con buena voluntad, de hacer lo que en este libro se sugiere. Haz la prueba.

1. Saber comenzar

Esto no es fácil ni difícil; sólo hay que encontrar el modo.

En efecto, estás a punto de empezar tu oración, pero, ¿has venido solo(a)? Todas tus preocupaciones te acompañan, todo un mundo que no tardará en solicitar de nuevo tu atención, y esto con éxito.

A menos que, desde el principio, logres reunir conscientemente todas tus fuerzas espirituales, tu oración está en peligro.

Aprendamos, pues, a *comenzar*

Intentemos tres actos simples, un poco laboriosos, quizá, al principio; pero con la confianza de que todo se llega a aprender:

1) *Calmarme,*

      2) *delante de Alguien,*

            3) *en espera de algo.*

1) Calmarme

Generalmente todos vivimos bajo presión, congestionados y siempre de prisa.

Comenzamos la oración por un signo de la cruz, pero ¿dónde está la Cruz? Y ¿la Trinidad?

No permanecemos fácilmente "en una sola cosa".

Empezaré, pues, calmándome primero físicamente; serenándome, relajando los músculos (respirando, por ejemplo, dos o tres veces profundamente, pasando la mano, si es necesario, sobre la frente, para quitar las arrugas).

Trataré en seguida –esto será más laborioso–, de descongestionarme espiritualmente, dejar mis preocupaciones. Si es necesario, tomémoslas una después de otra, las dos o tres más importantes y tratemos de resolverlas. (Por ejemplo: ¿Esto? Hay quien se encargue. ¿Aquello? Ya lo resolveré a las 11). Ayuda constatar que a veces nos deja en paz una idea obsesionante escribiéndola en una papeleta (para no olvidarla y ocuparnos de ella a su tiempo).

No te apresures por nada.

Los segundos pasados en calmarte no son tiempo perdido para la oración.

En conclusión, vuelve a santiguarte majestuosamente, como para cubrirte por entero bajo el manto de la Trinidad.

2) Calmarme,
delante de Alguien
(*Ejercicios**, n. 75)

No delante de un tema de oración,

ni delante de un libro,

ni, menos aún, delante de mí mismo.

En las sinagogas está escrita esta advertencia, válida también para mí:

"Cae en cuenta delante de quién estás".

Aquel "delante de quien estoy", es Jesús, es Dios:

> *Alguien*
> *de veras presente*
> *y que realmente me escucha*
> *porque me ama.*[1]

He aquí toda la teología que necesito y que me basta para ponerme en oración. El catecismo y el Nuevo Testamento me han enseñado mucho sobre la omnipresencia, la omnipotencia, la bondad, la misericordia del Padre que ve lo secreto y del Hijo que me "ha amado y se ha entregado por mí".

Habría que detener aquí la lectura, y, sentado o de rodillas, intentar este acto prodigioso y simple:

¡Ponerme en presencia de Dios!

---

* *Ejercicios Espirituales* de San Ignacio de Loyola (N. del E.).

[1] Esta presentación de Dios –excepto el último renglón de la frase– es de Paul Claudel.

De Alguien..., ¡de Alguien que está de veras aquí..., y que realmente me escucha!..., ¡porque me ama!

Las siguientes páginas serán entonces más claras.

Nota importante:

El orientarme filialmente hacia Aquel que ve lo secreto, no puedo hacerlo con un esfuerzo de imaginación, sino *con mi fe teologal*.

Comprendamos bien *lo que ella es:*

Como el hombre para vivir su vida humana tiene necesidad de facultades humanas (inteligencia y voluntad), así el bautizado, "creatura nueva", para vivir su *vida sobrenatural*, tiene necesidad de *facultades nuevas*, sobrenaturales. Estas facultades adaptadas a la vida divina son las virtudes infusas de *fe, esperanza* y *caridad*.

Comprendamos también *cómo se la hace viva:*

a) Será muy útil *precisar el objeto* de esta *fe*; esto nos llevará a decir algo como:

Tú *estás aquí*, Señor –lo creo.

Tú *me ves;* todavía más,
    Tú *me contemplas* –lo creo.

Tú *me escuchas* realmente –lo creo.

Tú *me amas*, y yo soy alguien para Ti,
    y cuento ante tus ojos –lo creo.

(Todo esto dicho con calma, sin apresurarse y "como vaya viniendo".)[2]

b) Es necesario no ignorar que evitaremos dificultades, turbaciones, preguntas, embrollos, acostumbrándonos a motivar nuestra fe.

Yo creo esto y aquello

porque Tú lo dijiste,

porque Tú no te puedes engañar,

porque Tú no me quieres engañar.

c) Trataremos sobre todo de *vivir lógicamente* nuestra fe, y desde luego: Si Tú estás aquí, Dios mío –y lo creo–, debo tener compostura:

– exterior: ni dejadez, ni somnolencia;

– interior: una distracción voluntaria debe serme intolerable.

"Cae en cuenta delante de quien estás".

---

[2] Puedes detenerte en "Padre nuestro, que estás en el cielo"; en Dios omnipresente "en quien vivimos, nos movemos y somos" (Hech 17, 28); "en el Padre, que ve lo secreto" (Mt 6, 4); en la Santa Trinidad, que está en el alma en estado de gracia: "Si alguno me ama, mi Padre lo amará y haremos en él nuestra morada"; en Jesús en el Santísimo Sacramento.

Todas estas maneras de proceder son útiles. Pero, ¿acaso no se unificaría la oración deteniéndose en Jesús que vive ahora en el cielo o en la Eucaristía, el cual no ha olvidado tal situación o palabra, objeto de mi oración actual?

3) Calmarme,
   delante de Alguien,
      en espera de algo

¿En espera de qué?...

Mi duda me hará atender a la distinción siguiente que es necesario que nunca olvide:

"*Cumplir* con mi oración" y "*esperar algo de ella*".

a) *Cumplo* con mi oración (esto no es tan malo y, cuando se piensa en algunas vidas activas, es heroico a veces)...

Yo cumplo, es decir: yo hago de mi oración (como muchos cristianos hacen de la Misa del domingo) un acto de obediencia...

Pero ¿qué es lo que *espero*?

Y, sin embargo, Dios ha hablado y ha insinuado que se espere algo:

"Yo la conduciré a la soledad
   y ahí le hablaré al corazón" (Os 2, 16).

"Zaqueo, desciende. Es necesario que yo me
   aloje hoy en tu casa" (Lc 19, 5).

"Simón, tengo algo que decirte" (Lc 7, 40).

"Si alguno oye mi voz y abre,
   cenaremos juntos" (Apoc 3, 20).

"Si alguno me ama... yo lo amaré,
   y me manifestaré a él" (Jn 14, 21).

Los santos le tomaban a Dios la palabra.

b) Precisemos. ¿Qué puedo esperar de mi oración?

– ¿Una atención más grande a la *voluntad de Dios*? Sin duda, pero *primero a su persona*.

– Primero un contacto consciente, vivo, con Dios, el Dios de mi corazón, que me hará decir:

"Habla, Señor, que tu siervo escucha" (1 Sam 3, 9).

"Que tu voz resuene en mis oídos" (Cant 2, 14).

"Muéstrame tu rostro" (Cant 2, 14).

"Ven, Señor Jesús" (Apoc 22, 20).

"Entra en tu jardín" (Cant 5, 1).

Todo esto *despacio*, sin apresurarme ni inquietarme, y con un poco de silencio.

"No el mucho saber harta y satisface el ánima, sino el gustar *internamente* de las cosas espirituales" (*Ejercicios*, n. 2).

Todo esto también en una espera *confiada*.

Es verdad que estoy, cuando oro, delante del Invisible, delante del que está "más allá de todo", y que "yo no sé orar como conviene" (ver Rom 8, 26).

Pero no menos cierto es que el Espíritu de Dios está en mí, que yo soy "su templo" y que en mí Él no está inactivo. "Él intercede, en nuestro favor, con gemidos inenarrables"; "Él intercede por los santos", es decir, por los bautizados, por consiguiente por mí. "Él viene a socorrer mi debilidad" (v. 26), "Él me hace gritar: Abba" (v. 15), "Él se une a mi espíritu para atestiguar que soy hijo de Dios"... (v. 16).

¡Todo esto es prodigioso! ¿Y no me será permitido...
... esperar algo?[3]

Si por costumbre recito algún himno al Espíritu Santo (por ejemplo el *Veni Sancte Spiritus*) al inicio de la oración, que sea conscientemente.

Una objeción:

¡Siguiendo esos pasos se corre el peligro de nunca llegar a la "materia de la oración"! ¿Acaso no sugiere san Ignacio que se limite uno al "espacio de un *Padrenuestro*" para ponerse en la presencia de Dios?

Respondo:

1.- San Ignacio no vivió como nosotros en una época positivista y trepidante.

2.- El que quiere encontrar gusto en la oración, tendrá interés en *comenzar* por "tomar su tiempo". Una vez contraído el hábito de ponerse en presencia de Dios, se descubrirá fácilmente un modo personal de hacerlo que puede reducirse al de san Ignacio.

3.- "Se corre el peligro de nunca llegar a la materia de la oración", puedes objetar...

¿Qué inconveniente traería esto? No dudes; corre ese peligro, al menos a veces. Hay almas que no pasan de este "ponerse en presencia de Dios"..., y no les va tan mal.

Todavía no estamos en ese punto.

Sin embargo, la ciencia de la oración, como la gracia de la oración, están precisamente en esa línea.

---

[3] "En espera de algo". "Lo que espero" significa aquí una disposición preliminar, general, que podrá coincidir –pero que ahora no es necesario mencionar–, con los preámbulos ignacianos que mencionaremos en la pág. 52.

2. Aprender a perseverar

Saber *comenzar* la oración tiene su importancia, y todo lo que hemos visto antes puede bastar a ciertas almas para media hora. Sin embargo, normalmente no es lo que sucede y entonces hay que prever.

Como tratando de oración nuestras capacidades son diversas, he aquí tres casos que nos pueden ayudar a discernir nuestro puesto en el coro de los que oran, a ensanchar nuestras miras y a orientar nuestros esfuerzos.

Estos casos se presentan en orden de facilidad decreciente. El del principiante estará al final.

Primer caso

1) Hay personas para quienes la oración apenas es problema.

– He aquí su método: se detienen muy espontáneamente, gracias a un rasgo, una frase, una palabra, en un sentimiento un poco encubierto, un poco seductor, por ejemplo de confianza, de paz, de abandono en Dios, que está presente en ellas, o en Jesús que está en la Eucaristía, de compasión por Jesús en Getsemaní, de dolor delante del Amor que no es amado...

Pero esto sin muchas ideas, de tal modo que no sabrían decir, al final de su oración, *sobre qué* ha versado y *qué reflexiones han hecho.*

No escapan a las distracciones involuntarias pero vuelven tranquilamente a la línea precedente de confianza, de paz, de abandono..., *delante de Alguien.*

Es seguro que no se han dormido ni aburrido y que salen más valerosas, más entregadas a Jesús, más disponibles para el servicio del prójimo.

2) Muchas almas religiosas, un poco recogidas, un poco mortificadas, parecen muy dispuestas a esta manera de oración (afectuosa, por no decir "afectiva"), que es una gracia apreciable aunque no tenga, sin embargo, nada de especialmente místico.[4]

– Sólo se les aconseja expresar a veces sus sentimientos por medio de jaculatorias (oraciones breves que pueden repetirse frecuentemente) precisas, para evitar un cierto entorpecimiento y somnolencia espiritual siempre posible.

– Hay que recordar que, en todo caso, una oración aun afectiva, no inspiraría ninguna confianza, si dejara al alma lánguida para el trabajo y cobarde frente al sacrificio. No hay oración verdadera sin abnegación en la vida. "Vaya doblando su voluntad si quiere que le aproveche la oración..." (Santa Teresa, *Moradas del Castillo Interior*, Séptimas moradas, cap. IV, n. 7).

Una objeción:

¿Por qué proponer, desde el comienzo, el estadio espiritual al que comúnmente no llegan sino almas de especial finura?

Simplemente para poner bien claro *cómo debemos concebir el ejercicio de la oración.*

---

[4] "Oración afectiva" es una expresión técnica que se considera ya como oración premística, ya como una forma más simplificada y apacible de la oración afectuosa.

El término ideal es –hay que comprenderlo bien–, *no la búsqueda de ideas nuevas, ni siquiera la búsqueda de solas ideas:*[5]

No un trabajo de especulación del que podría creerse apartada la más humilde hermana religiosa, sino que es un *trabajo del alma*, de un alma, sí, activa, pero sin tensiones, amorosa y simple, que busca ciertamente comprender y profundizar, pero que se preocupa más todavía por recibir, gustar, admirar, amar. No se necesitan diplomas, sino un poco de recogimiento, de mortificación y mucho amor.

Un asunto del corazón

El *título* mismo de este estudio muestra claramente que no suponemos que tal oración esté (actualmente) al alcance del lector.

Segundo caso

Puede suceder que no se desconozca por completo esta manera apacible de permanecer delante de Jesús, de quien se saborea la presencia, o una palabra, o el detalle de una escena de la Pasión. Sin embargo, el gusto que se tendría no dura mucho –y esto duele–, a lo más algunas respiraciones; y la oración, en cambio, debe prolongarse treinta minutos. ¿Cómo emplearlos útilmente?

No esperes sugerencias extraordinarias.

---

[5] Estamos de acuerdo con santa Teresa que "lo esencial no es pensar mucho, sino amar mucho"; sin embargo, no hay que olvidar que, conscientemente o no, la inteligencia tiene que ir por delante "como la aguja delante del hilo".

He aquí unas cuantas que no han desdeñado algunos más listos que nosotros:

– tanto en la línea de la *reflexión* que hay que desarrollar,

– como en la del *sentimiento* que hay que cultivar.

1) Nos detendremos sobre todo en los **sentimientos** o **afectos**.

Comprendamos de qué estamos hablando. Daremos en seguida algunos ejemplos.

A. El sentido de las palabras.

a) Por esta palabra "afecto" se entienden todos los sentimientos que "afectan" nuestra alma y que se llaman pasiones: como dolor, alegría, confianza y temor, amor y odio, alabanza, admiración, adoración, reconocimiento, deseo, petición...

Los sentimientos más esenciales para la oración serán la *confianza* y la *reverencia* (elementos básicos de toda oración);

aquellos que son designados como los "cuatro fines del sacrificio": *adoración, acción de gracias, reparación, petición;*

pero sobre todo, los que pertenecen a las virtudes teologales: *fe, esperanza, caridad.*

Lo *esencial* de toda oración es *eso.*

Es necesario hacer de los "afectos" la *Parte Regia.*

"Alabado sea Dios", dijo un día san Vicente de Paúl, repitiendo estas tres palabras por cuatro o cinco veces seguidas, a propósito de lo que le había dicho un padre de la Compañía, M. Coglée, acerca de su oración; que él se detenía muy poco en razonar y se ponía principalmente a procurar afectos.

San Vicente alaba mucho esta manera de obrar, y dice que así es necesario "comportarse, aficionarse mucho a los actos de amor a Dios, de humildad, de dolor de nuestros pecados..." (*Entrétiens*, ed. Costes, t. XI, p. 461).

Sería bueno que nos preguntáramos en seguida qué sentimiento es el que preferimos o cuál es el que casi nunca utilizamos.

– Al comienzo de la vida espiritual consciente, y después, por un tiempo más o menos largo, los sentimientos serán numerosos quizá, por ejemplo delante del Niño Jesús del Pesebre:

>Fe delante del Verbo Encarnado.
>
>Adoración de Dios hecho Hombre.
>
>Asombro y admiración delante de su aniquilamiento.
>
>Amor...

Ésta será una oración afectuosa, un poco tumultuosa.

– Después el alma (un poco recogida y mortificada), llegará *teóricamente* a una oración más simple y podrá reconocerse en el primer caso (ver pág. 15). Sea lo que fuere del porvenir, tenemos que insistir en las virtudes teologales y ya dimos antes la razón (ver pág. 10).

b) De ahí se ve netamente la diferencia entre el *sentimiento* y el *sentimentalismo*, que con razón se teme.

El *sentimiento* se distingue de la *reflexión*, de la que trataremos adelante (ver pág. 27). El *sentimentalismo* es el sentimiento loco, es decir, el que no es controlado ni por la razón ni por la fe.

Nota muy importante:

Por este peligro, que no es quimérico, el alma de oración debe aficionarse a la *lectura espiritual* sólida.[6]

B. Después de haber descrito lo que entendemos por "sentimientos", he aquí algunas sugerencias que durante la oración (o fuera de ella) pueden, según las circunstancias, ayudarnos a desarrollarlos.

a) *Evocar espiritualmente con viveza, realidades relacionadas conmigo o con mis hermanos.*

1.- Realidades *personales:*

– Tratar de representarme cuán breve es mi vida. En poco tiempo, todas las cosas por las que me mato, serán nada para mí.

– Considerar sincera y lealmente la ligereza del bien que hago, la insignificancia de mi irradiación apostólica y de mi utilidad social.

– Descubrir, sin embargo, con alegría, que aunque yo en mí y por mí no sea sino nada, puedo llegar a ser

---

[6] Sobre todo del Nuevo Testamento, no sólo de los Evangelios, sino también de los Hechos y de las Epístolas, con sus comentarios apropiados; de libros que traten de los principios de espiritualidad y de los dogmas como fuentes de la piedad.

"en Cristo", alguien, delante de sus ojos (miembro de Cristo, colaborador de su Redención, *Sponsa Christi)* y alguien delante de los ojos del Padre ("al que me ama, mi Padre lo amará").

2.- Realidades *relacionadas con mis hermanos:*

¡La miseria de los hombres! Aun si no tengo una experiencia inmediata, ¿acaso no me han hecho pensar esas "ciudades perdidas" inmensas, sin iglesias, cuando paso por ellas? ¿Nunca me he detenido delante de las conmovedoras fotos de pobres personas hambrientas de los países más subdesarrollados?

Delante de los "sin Dios", esos "condenados de la tierra", esos sin esperanza, y delante de todas esas almas de buena voluntad que, humanamente hablando, nunca podrán conocer a Cristo, ¡cómo no sentir el "peso de las almas", cómo no experimentar una santa inquietud, un verdadero malestar en el corazón, como san Pablo (Rom 9, 1), no sólo por mi hermano "por el que Cristo murió" (1 Cor 8, 11), sino también por Cristo mismo, el Amor que no es amado!

Delante de estas realidades alarmantes, a las que durante el día no les daríamos más importancia que a nuestras preocupaciones ordinarias, durante la oración nos será más fácil, sin duda, el estar delante de ellas con un sentimiento en el corazón.

Delante del Padre, "que quiere que todos los hombres se salven" (1 Tim 2, 4);

delante del Hijo, "que por nosotros, los hombres, y por nuestra salvación bajó del cielo";

delante del Espíritu Santo, que suscita y estimula en la Iglesia y en el alma de los bautizados el espíritu misionero.

b) *No despreciemos, sin embargo, pequeños recursos* que, por elementales que sean, pueden ayudar a aquel que hace oración a despertar y desarrollar algunas veces los "sentimientos":

1.- *Habituarse desde el principio a "gustar" despacio.*

"Gustar" es dar vueltas en torno de la palabra, una frase, una escena y permanecer en silencio, con el corazón más que con el entendimiento, delante de lo que sugiere, en ese "silencio de plenitud", que es admiración, alegría, amor...

Esto es poco natural al hombre moderno, que no tiene "tiempo que perder".

Pero aun a "perder el tiempo" se aprende.

Se toma por ejemplo una expresión plena, evocadora, como sería una frase bíblica:

"Dios ha amado al mundo de tal manera,
  que le dio a su Unigénito" (Jn 3, 16).

"Si alguno me ama, lo amaré y
  me manifestaré a él" (Jn 14, 21).

"Nadie conoce al Padre sino el Hijo y
  aquel a quien el Hijo se lo quiera
  revelar" (Mt 11, 27).

"Soy yo, no teman". "¿Por qué
  dudaste?" (Mt 14, 27. 31).

"Ese hermano por quien Cristo
  murió" (1 Cor 8, 11).

Las actividades de la oración

Se pueden utilizar cualesquiera frases, con tal que sean expresivas, que hayan suscitado y susciten en mi corazón amor, confianza...

"Yo soy más amigo para ti que éste o aquél".

"Yo he derramado esta gota de sangre por ti".

"Yo te amo más de lo que has amado tú tus faltas".

"En cuanto más te quito, más te lleno".

"Amarme es dejarse amar por mí y después hacerme amar por los otros".

"Yo no te pido todo sino para dártelo todo".

"Tu amado es de tal naturaleza que no admite otro".

Y para poner término a una lista interminable, estas palabras de san Nicolás de Flüe: "Despójame de mí y entrégame a Ti".

2.- *Utilizar los contrastes* que permiten un afectuoso ir y venir de un término al otro:

El Verbo... hecho carne.

El Todopoderoso... niño.

El gran Rico... en un establo.

La liturgia nos da muchos ejemplos:

... engendraste a tu santo Creador...

> ... *das la leche al que en su providencia
> te ha creado...*

Los improperios del Viernes Santo:

> *Yo te saqué de Egipto...
> y tú me has entregado...*

> *Yo te abrí camino por el mar...
> y tú me has abierto el costado...*

San Ignacio recurre a menudo a este método:

Cómo trataron a los ángeles pecadores y cómo a mí (*Ejercicios*, n. 50).

Lo que Cristo ha hecho por mí, y lo que yo he hecho por Cristo (*Ejercicios*, n. 53).

El ofensor y el Ofendido (*Ejercicios*, n. 59), el llamado del rey temporal y el del Rey eternal (*Ejercicios*, n. 91).

El autor de los siguientes textos utiliza el mismo método:

"Yo te adoro, oh Hijo del Altísimo, que eres grande y digno de toda alabanza".

"Yo te adoro, oh Hijo de María, que eres pequeño y digno de todo amor".

Guardando la misma oposición del Hijo del Altísimo y del Hijo de María, el autor continúa cambiando sólo el verbo del principio.

"Yo te amo, oh Hijo... Yo me entrego a ti..."

"Yo te agradezco... Yo beso tus manitas..."

O todavía:

Oh Verbo eterno, ¡cuán grande eres!
Oh Verbo-Jesús, ¡cuán pequeño eres!

Oh Verbo eterno, ¡cuán todopoderoso eres!
Oh Verbo-Jesús, ¡cuán impotente eres!

Se puede continuar contraponiendo los siguientes adjetivos:

| Rico- | Lejano- | Dueño- | Exaltado- | Fuerte- |
| Pobre | Cercano | Esclavo | Abajado | Débil[7] |

N. B. Más que retener estas efusiones para repetirlas, lo esencial es aprender la *manera* de utilizarlas.

3.- ¿Conocemos el método casi infantil (pero delante del cual se abre el Reino de los Cielos) de un autor espiritual del siglo XVII? La llama *"La oración del mendigo"*.

— Señor, dame pan. (Y el mendigo se dirige a su bienhechor con el cuerpo y con los ojos; espera).

— Señor, ¡pan!

— Señor... (El mendigo no tiene prisa).

Inventa una oración semejante, a Dios, a Jesús, a María. (Sin duda el corazón descubrirá que los silencios implorantes y los sobreentendidos son lo verdaderamente valiosos).

Oh María, ¡alcánzame el amor de tu Hijo!

---

[7] La autora de estas elevaciones es una Superiora General de San José de Bordeaux, +1913.

Oh María, ¡el amor de tu Hijo!

Oh María... (Sobreentendido: tú que eres mi Madre y la de Él, que eres buena)

O todavía:

Oh Jesús, el gran Rico hecho pobre,
dame un alma de pobre.

Oh Jesús, el gran Rico hecho pobre,
¡un alma de pobre!

Oh Jesús, ¡el gran Rico hecho pobre!

¡Oh Jesús, ...!

Al pronunciar cada palabra, procurar, en la medida de nuestras fuerzas, expresar todo su contenido. Además en cada repetición y en cada silencio, mi corazón habla sin palabras, suspira, llama, insiste, suplica, canta... He ahí una excelente introducción a la oración verdaderamente personal y afectiva.

(Habré perdido mi tiempo si se leen estas líneas de prisa).

4.- Decir lentamente una *oración jaculatoria* bien escogida, o una *oración vocal* como el "Avemaría". Se reflexiona sobre una palabra o una frase tanto cuanto se encuentre gusto, sentido nuevo, comparaciones... (*Ejercicios*, n. 252).

5.- O intercalando una palabra entre dos respiraciones (*Ejercicios*, n. 258).

Sangre / de Cristo, / sálvame...

Alma / de Cristo, / santifícame...

6.- Y ¿por qué el *canto interior* no vendrá a veces a orquestar el sentimiento?

"Glorifica mi alma al Señor".

"El Señor es mi pastor".

San Agustín, hablando de la "jubilatio" (así se llamaba a los neumas del escándico de la última sílaba del aleluya cantado), escribe que es "un sonido de alegría sin palabras". Dios es inefable, ninguna palabra puede definirlo. Demos el lugar a la "jubilatio" y que la caridad se extienda mucho más allá de los límites de las sílabas:

¡Aleluya -a -a -a -a!

Y como dijo Claudel, "en el lenguaje del amor, sólo se dice bien aquello que se canta".

2) Por importante que sea el papel de los afectos, no hay que olvidar el de las *reflexiones.*

Sin ellas, el "sentimiento" corre el peligro de "extraviarse". Cuando se habla aquí de *reflexión*, no se entiende un modo de proporcionar a la oración material intelectual substancial, como en la "meditación" (que es una manera legítima de hacer oración pero que no nos interesa por el momento).

Sólo se trata de indicar algunos pequeños métodos para fundamentar, estimular los afectos. Son pequeñas ramas secas para activar el fuego del amor.

Lo que llamamos la reflexión sería por ejemplo la respuesta suscitada por alguna de las preguntas clásicas que los autores llaman la Cría:[8]

---

[8] Cría: Nombre que se da a una breve explicación de un dicho o un hecho, por ocho partes o capítulos que son: Paráfrasis, Causa, Contrariedad, Semejanza, Ejemplo, Testimonio, Epílogo.

¿Qué, quién, dónde, por qué, cómo, a quién, por quién?

No se pretende que nos ciñamos al *orden* de estas preguntas, ni que nos preocupemos por responderlas *todas*, ni mucho menos que nos detengamos en ellas con detrimento de los afectos.

Apliquemos, por ejemplo, estas interrogaciones a una *palabra* de Jesús y a un *sufrimiento de su Pasión*.

a) *"¡Bienaventurados los que tienen un alma de pobre!"*

¿*Quién* dijo esta palabra? ¡Tú, el gran Rico hecho pobre!

¿*Qué* quieres enseñarme?

Que debo despegar el corazón de los afectos y de los "bienes" caducos de este mundo. Podría continuar: ¿*Qué* significan ellos para mí? ¿*Por qué* dices que el pobre es bienaventurado?

- porque él llega a ser verdaderamente libre,
- porque está más disponible para con Dios y sus hermanos,
- y porque en esto te está imitando.

b) Otro ejemplo: *Delante de Cristo en la cruz* me pregunto:

¿*Quién* sufre?

¿*Qué* sufre?

¿*Cómo, por qué, por quién* sufre?

¿Esto no hará brotar algunas "reflexiones"?

¿Dejarán mi corazón indiferente? (Porque es el que tiene que reaccionar).

Las sugerencias que acabamos de hacer para ayudar a desenvolver un sentimiento (pág. 18), o una idea (pág. 27), con frecuencia las pondremos en práctica espontáneamente. Sin embargo, es conveniente que caigamos en la cuenta de qué es lo que nos da resultado.

Tercer caso

Nuestra oración, pues, teóricamente debe tender hacia un *término afectivo* y simple; más que de un descubrimiento o de un conocimiento, se trata de un profundizar silencioso, de un "trato familiar con Dios, parecido a aquel que los niños tienen con su padre"; de un "trato amistoso, coloquio íntimo con Aquel que sabemos nos ama", de un "intercambio de amor".

Esto es fácil de entender, pero de la teoría a la práctica... y más de uno suspirará quizá:

"Al cabo de diez minutos, aun con las sugerencias que preceden, yo he dicho todo, he visto todo, he hecho todo".

¿Qué se debe concluir sino que hay que *ingeniárselas*?

¿Será preciso recurrir a un *"libro de meditación"* que leamos calmadamente durante la oración? Quizá. No hay que despreciar *a priori* las meditaciones "ya hechas".

Son útiles para preparar la oración.

Son probablemente útiles durante la media hora de oración para casi todo el mundo, los días en que se siente la cabeza vacía; sobre todo si se hace una lectura meditada, haciéndose las preguntas de la pág. 44.

Son ciertamente *necesarias* para aquellos que han perdido (o jamás han tenido) el hábito de hacer de la oración algo personal "delante de Alguien". Sin esos libros, no harán nada.

Pero también es necesario afirmar que son *peligrosos* para la mayoría que recurre a ellos obedeciendo la ley del menor esfuerzo.

Insensiblemente se convencen de que la oración es difícil y de que está más allá de las capacidades medias.

Es un gran perjuicio.

A la lectura, útil ciertamente, pero que nos hace escatimar el esfuerzo, prefiramos el uso de los "hilos conductores" de los que se tratará en la segunda parte, pág. 34. La expresión nos parece mejor que "método", pero no quiere decir otra cosa. Se trata de un "hilo", una nada, pero "conductor" de nuestro espíritu novicio, voluble y perezoso.

Ayúdate, que Dios te ayudará.

3. Terminar

1) *"El coloquio"* es una oración más precisa, más personal, más insistente en la cual el que ora *dice* a Cristo su amor, su confianza, su alegría o se *acusa* de sus faltas y de sus indelicadezas, pide perdón, le *confía* sus resoluciones, sus penas, su buena voluntad.

Se pueden hacer tantos "coloquios" cuantos se quiera, a María, a Jesús, al Padre, sea durante la oración, sea al final de ella. (Total, es lo más importante).

Aquel para quien toda la oración es una oración afectuosa, sentirá menos la necesidad de este consejo. Aun entonces sería bueno no omitirlo. El "coloquio" resumirá, concluirá, intensificará este trato afectuoso.

El coloquio se recomienda evidentemente si el tiempo de la oración se ha pasado en consideraciones más intelectuales que afectuosas o sobre todo en distracciones. Entonces se podrá compensar todo lo que no se ha hecho.

2) San Ignacio termina las oraciones con el *Padrenuestro*. ¿No conviene que todas nuestras oraciones se relacionen con la oración dominical, que contiene, resume y valoriza, todas nuestras adoraciones y nuestras súplicas?

PARTE II

ALGUNOS "HILOS CONDUCTORES" DE LA ORACIÓN

Por "hilo conductor", "método", se entienden medios algo organizados que nos ayudan a *perseverar* durante el tiempo de la oración.

Se podría exagerar su importancia: quien se reconoce en el primer caso expuesto en la pág. 15, y en el segundo, pág. 17, no experimenta ninguna necesidad de método.

Pero por otra parte hay el peligro de despreciar su utilidad con gran perjuicio del principiante –¿y cuándo termina este período?– en la práctica de la oración.

Entre muchos otros, he aquí cuatro "hilos conductores" clásicos, que figuran entre los más sencillos.

– **La contemplación** de las escenas evangélicas –se les llama también misterios– es la que está más al alcance de las almas que quieren volver a gustar de la oración.

– **La aplicación de los sentidos,** que es una simplificación de la contemplación.

– **La meditación** propiamente dicha, de la cual muchas veces se habla mal, sin matiz alguno. Se dará de ella una presentación valedera y aprovechable.

– **El método de las listas,** manera fácil de orar para las horas difíciles.

1. La contemplación evangélica

1) Consiste en detenerse, por ejemplo, delante del Pesebre:

En considerar las *personas.*

En escuchar las *palabras* dichas o
supuestas, y aun los silencios.

En contemplar las *acciones* y en obtener
de todo esto un provecho espiritual.

Pero al poner en práctica lo anterior, no hay que olvidar *las condiciones esenciales* que, con la ayuda de Dios, asegurarán el éxito, y que son:

Yo contemplo –esto quiere decir:

– *como si yo estuviera presente,*
lo cual supone cierto recogimiento.

– *sin apresurarme,*
pero ¿existe un consejo más difícil
de seguir que éste?

- *con soltura,*
    más aún si las palabras vienen después de las acciones.

- *con mi espíritu,* sin duda,
    pero sobre todo *con mi corazón.*[1]

Esta manera de contemplar las escenas del Evangelio, que pone en juego la fe y la inteligencia, la imaginación y el corazón con toda la gama de sus afectos, parece adaptarse bien a la mayor parte de las almas que quieren entregarse a la oración.

Su eficacia es notable: no buscamos, de hecho, aficionarnos directamente a las virtudes difíciles, sino a Alguien muy querido, a quien vemos que las prefiere y practica, Cristo.

Apliquemos esto que ha sido sugerido, por ejemplo:

A la escena de la tempestad (Mt 8, 23):

Las personas. Mirar a los apóstoles enloquecidos, que no logran vaciar el agua de la barca, mientras que Jesús duerme "en la popa", al parecer indiferente.

Las palabras. Oír el diálogo:
–"Señor, ¡ayúdanos!..."
–"¿Por qué tienen miedo?"

Las acciones. Contemplar a Jesús, que se levanta y, de pie, ordena al mar. –"Y hubo gran calma".

---

[1] Un auténtico ejemplo de contemplación, pero no evangélico, es éste: cuando se revive –y con qué intensidad– un hecho cualquiera que nos ha valido algún éxito o algún fracaso.

Algunos "hilos conductores" de la oración

¿No sacaremos un *fruto espiritual* de cada una de estas reflexiones de nuestro espíritu, que nos hacen entrar en el misterio?

Otro ejemplo: *El pasaje de Zaqueo* (Lc 19):

Las personas. Ver al hombrecillo, deseoso de mirar a Jesús, trepar al sicomoro, creyéndose ingenioso: vería sin ser visto; y a Jesús, en apariencia indiferente, pero *conociendo y queriendo*, avanzando hacia él.

Las palabras. Oír el llamado de Jesús: "Zaqueo, es preciso que me aloje hoy en tu casa".

Las acciones. *De este hombre* escogido por Cristo: él recibe a Jesús "con gozo" y ¡qué generosidad! "Yo doy la mitad..." (Jesús no ha pedido nada, pero quien se acerca al fuego, arde).

Y de Cristo acogiendo a Zaqueo, y en su persona a todos los publicanos.

2) Después de cierto tiempo de experiencia, se encontrará quizá algún interés en las indicaciones siguientes:

a) Centrar el interés claramente *en Jesús.*

Que Él sea el centro, más que Zaqueo o Tomás o Magdalena, o Pedro, sin negar que muchas veces nos sentimos más cerca de los pecadores...

¿Por qué? Porque poniendo de relieve a Cristo, que no es de nuestro nivel, nos vemos obligados a poner también en relieve dos prerrogativas de Cristo que nos introducen en el corazón del Misterio:

Cristo *sabe de antemano* lo que va a suceder, Él lo ha previsto todo, no lo toman por sorpresa ni los hombres ni los sucesos: a sabiendas se dirige a Zaqueo, a sabiendas a casa de Simón; Él atrae y espera a la pecadora...

Tiene para los hombres, para todos, una *intención de amor*, una voluntad salvadora; tiene siempre el Corazón despierto y en toda ocasión: delante de Zaqueo, y de la pecadora y de la viuda de Naím...

Tiene un mensaje de bondad y misericordia que transmitir.

Si colocamos a Zaqueo en primer lugar, se podría decir:

– *Zaqueo* se las ingenia para ver a Jesús.
– *Zaqueo* es llamado por Jesús.
– *Zaqueo* lo recibe con esplendor.

Pero es preferible:

– *Jesús, a sabiendas,* se dirige a Zaqueo.
– *Jesús se invita* y entra en la vida de Zaqueo.
– *Jesús acoge* la generosidad de Zaqueo.

b) Insistir algunas veces sobre *Cristo* y no solamente sobre Jesús. Sin duda es la misma persona, pero el primer término nos impide perder de vista la Persona Divina. Esta precisión da un relieve sorprendente a algunas páginas en donde la sensibilidad humana correría peligro de detenerse en lo meramente humano (Belén..., la Pasión).

En el establo, no estamos delante del "Niño Jesús", sino delante del "Verbo Encarnado".

Algunos "hilos conductores" de la oración

En el Calvario, no deben detenerme únicamente los agujeros en las manos ensangrentadas del crucificado, sino que esas manos son manos de Dios hecho hombre, y que por mi amor aceptó "esto".

c) Pasar conscientemente del Jesús histórico al *Jesús actual, viviente,* que tiene para con nosotros *ahora* en el cielo los sentimientos que expresó *antaño* a Zaqueo, a Tomás, a Magdalena... Porque los actos del Verbo Encarnado tienen una realidad eterna.

"Zaqueo –soy yo–, es preciso que hoy
    me aloje en tu casa...".

"Tomás –soy yo–, mete tu mano
    en mi costado...".

"Cualquiera que hace la voluntad de Dios,
    es mi hermano y mi hermana y mi madre".

Depende de mí llegar a ser "ese" hermano...

"Aquel que cree en mí, hará lo que Yo hago
    y mucho más".

Todo esto es para mí, que hago oración.

Puede decirse que cada una de las escenas de Palestina es un *símbolo* de la realidad actual[2], y que cada una de las palabras de Cristo es la expresión de los sentimientos que actualmente experimenta.

---

[2] Los misterios de Jesucristo, sus palabras, sus pensamientos... han pasado en cuanto a su *ejecución* (Cristo no habla, no sufre más), pero están presentes y son perpetuos en cuanto a su *virtud.* Como un sol siempre brillante, Cristo nos envía el calor de sus misterios verificados antiguamente. Más accesible que Bérulle, el P. Monier-Vinard expone esta doctrina en el "Messager du Coeur de Jésus", enero 1946, p. 22.

d) Y entre todos los sentimientos de Cristo, que sea:

En su amor, donde pongamos el acento.

En su amor actual para el pobre hombre que está ahora de rodillas.

En su Corazón, que es conveniente descubrir cuando se dirige a Pedro, a la sirofenicia, a la pecadora, a todos los miserables.

2. La aplicación de sentidos

El ejercicio así llamado es una simplificación del método anterior.

Con esa misma disposición de espíritu recogido, que se recomienda para la contemplación:

Mirar despacio y con amor, por ejemplo, al Niño en el Pesebre: "¡Quizá –nos insinúa san Francisco de Sales– tenga Él una mirada para nosotros!".

Escuchar a los pastores que cuentan a María y a José sus aventuras, o el llamado misterioso de Cristo pobre, que nos invita a hacernos "un alma pobre".

Espiritualmente, respirar el perfume de las virtudes de María: "Mientras el rey está sentado en su sofá, mi nardo exhala su fragancia" (Cant 1, 12).

Gustar la actitud, el ademán, la palabra, y el silencio.

Y ¿tocarlo? Lo haremos también: besar en espíritu y con respeto y ternura lo que el corazón nos diga. Los santos lo hacían fácilmente.

No ignoramos que no se va a Dios Espíritu puro con la imaginación, ni con la sensibilidad, pero para completar un acto humano, vamos, como dice san Francisco de Sales, "con todo lo nuestro".

¿No hace la liturgia también esto?

3. La meditación

Las escenas evangélicas no son los únicos temas de la oración. Nos es de provecho detenernos también en las palabras de Jesús, en las máximas de los santos, para meditarlas.

1) Meditar, ¿es un trabajo de la inteligencia en busca de profundización religiosa? Por ejemplo, estudiando la Encíclica *El Cuerpo Místico* (de Pío XII), descubro nuevos aspectos tan benéficos como ignorados sobre Cristo, el Espíritu Santo y la Iglesia.

Pero si yo me limito a este trabajo intelectual, por más que enriquezca mi espíritu, no hago una *meditación*, sino un *estudio religioso*, que podría hacer en cualquier otro momento del día y en cualquier otro sitio.

2) La *meditación espiritual* que nos interesa aquí, implica el elemento de la *oración*, no como único, pero sí como muy importante. Este ejercicio pone en actividad mi memoria, mi inteligencia, y mi voluntad[3]; de ahí el nombre de "ejercicio de las tres potencias" que se le da todavía.

---

[3] La palabra latina *voluntas* estaría bien traducida por "tendencia del alma". Esta tendencia, si es sensible, será mejor llamada hoy día "corazón"; si es racional, "voluntad".

Gusto en la oración

Si yo quiero "meditar" sobre esta palabra de Jesús en Jn 14, 21: "Si alguno me ama, mi Padre lo amará y yo también lo amaré"; ¿puedo hacer algo más natural que esto?

– *Recordar* (sin prisas y con el corazón tanto como la mente):

¿Quién ha hablado así? *¿Cuándo? ¿A quién?*[4] (es éste el ejercicio de la *memoria* pero penetrado ya de algunos sentimientos religiosos previamente evocados).

– *Reflexionar* (sin apresurarme y con mi corazón, tanto como con mi mente) sobre el *sentido* de estas palabras, el *porqué*, las *consecuencias* en mi vida (éste es el ejercicio de la *inteligencia*, penetrada –como anteriormente– de afectividad espiritual).

– *Aficionarme a Jesús* y a lo que Él ama. Admirar, desear (ejercicio de la *voluntad)*, es decir, de los *afectos* (corazón) y también de las *resoluciones* (voluntad en el sentido moderno).

El afecto no viene, teóricamente, sino después de la reflexión, porque no *se ama* lo que no *se conoce;* pero el ejercicio debe hacerse en un ambiente de afectividad y espontaneidad.

Así el ejercicio resulta plenamente religioso y viable.

Y aunque la meditación tenga, como la contemplación, lo que podríamos llamar "sus leyes", éstas no

---

[4] Se reconoce las preguntas de la Cría (pág. 27) y que nunca han menospreciado grandes maestros de la oración, entre otros el P. Foucauld (*Escritos espirituales*, p. 172).

deben considerarse como cadenas por parte de quien medita. No deben impedirle pasar de la meditación a la contemplación, a la oración vocal y volver a veces a la meditación según se lo pida su propio impulso o la invitación del Espíritu.

A quien hace oración, le recordamos lo que hacen las gaviotas:

No les importan las olas en las que parecen hundirse, poseen el arte de aprovechar el viento, todo viento: un movimiento de sus alas a la derecha, a la izquierda, un movimiento de la cola o de la cabeza... y helas ahí resurgir siempre y continuar su travesía.

Es necesario permanecer flexible y saber pasar de la contemplación a la meditación, a la oración vocal, al canto, según el soplo de la gracia o de la imaginación.

Llevar un espíritu rígido o monocorde es una disposición mediocre para la oración.

4. La oración de las listas

Es una manera de hacer oración útil en tres casos:

Si no se puede concentrar fácilmente, si se tiene momentáneamente la cabeza sin ideas, si por sorpresa no se ha podido preparar un "tema de oración".

Se toma una fórmula que contiene una *lista* de consideraciones, como las ocho bienaventuranzas, los tres Votos, los siete pecados capitales, las tres virtudes teologales, los cinco sentidos corporales, los cuatro fines del sacrificio[5]... y a propósito de cada uno, se

---

[5] Aquí también la lista de mis inferiores, si yo soy superior.

pueden hacer tres actos sencillos: uno de reflexión, otro de examen y otro de petición:

1) ¿Qué quiere decir esto o qué exige?

2) ¿Lo hago yo?

3) Pedir, entre otras cosas, ayuda a Dios para que lo haga, o bien, pedir perdón por no haberlo hecho.

Después de haber permanecido más o menos tiempo en el mismo ambiente de libertad del que hablamos más arriba, en la primera consideración de la lista, según lo que voy encontrando, paso a la segunda y realizo los mismos actos, etcétera.

Se reconoce allí lo que san Ignacio (*Ejercicios*, n. 238) llama "La primera manera de orar"; los santos auténticos no la han despreciado:

"¿Saben ustedes –decía San Vicente de Paúl a sus hijas– cómo aprendió la señora de Chantal a hacer oración? Tomaba ella una imagen de la Santísima Virgen y, considerando sus *ojos*, decía: ¡Oh amados ojos!... Poco después, cuando su corazón se sentía inflamado, pedía ella a Dios le hiciera la gracia de no ofenderlo en nada por las miradas... Después, considerando sus *oídos*..." (*San Vicente de Paúl*, ed. Costes, t. X, p. 575).

Sin duda hay otros "hilos conductores" para conocer a Jesús, para amarlo, para imitarlo; pero para un principiante la abundancia a veces daña.

5. Conclusión

¿Y las resoluciones?

1) No se debe estar obsesionado por ellas. Si nuestra oración nos pone en contacto con "Alguien, que está realmente ahí y que nos escucha, porque nos ama", saldremos de ella dispuestos a hacer su Voluntad, a imitar a Aquel que hemos contemplado con amor.

2) Será bueno, por lo tanto, precisar algunas veces una resolución que estará dentro de la línea del segundo preludio: "Lo que yo espero de mi oración" o de la resolución general del año.

3) Aun cuando con razón se distingue en la teoría la oración llamada *teologal* (llena de fe, esperanza y caridad), de la oración *prudencial* (en que la virtud moral de la *prudencia* organiza la reforma de vida), hay que tener cuidado de no oponerlas en la práctica.

PARTE III

LAS CONDICIONES DE UNA ORACIÓN FRUCTUOSA

1. Antes de la oración:

Preparación. ¿Cómo hacerla con provecho?

2. Al comenzar:

"La oración preparatoria". ¿Cuál es su utilidad?

3. Al finalizar:

¿***Revisar*** la oración? ¿Tiene esto algún interés?

1. Preparación a la oración. ¿Cómo hacerla con provecho?

1) ¿A qué materia me sujetaré?

a) Hay algunos que ni siquiera se hacen la pregunta: confían en las sugerencias que les hace el autor que han escogido o que oyen leer. Y Dios bendice su sencillez: siempre encuentran un buen grano que picar.

b) Pero Dios bendice también a los que se las ingenian para poner una nota personal en su preparación:

- Ya sea adaptándose a sí mismos los puntos dados por un libro de oración;

- ya sea inventando la materia, tomando, por ejemplo, como punto de partida el incidente un poco duro del día de trabajo que termina, la exigencia del día por venir, o la "corriente" que conduce al sufrimiento, el atractivo o la devoción habitual;

- ya sea, sobre todo, extrayendo del Misal o directamente del Evangelio[1] la materia de oración.

---

[1] N. B. Si se tiene interés, y si se quiere preparar personalmente la oración, se podría utilizar una Sinopsis que permite comparar a los

Nos detendremos en esta última manera.

1.- Nosotros descubrimos a *Jesucristo* mediante la penetración personal y afectuosa de los misterios y las Palabras evangélicas. Él es el único que puede conducirnos a la Divinidad y nadie debe interesarnos tanto como Él.

"... no podemos llegar hasta Dios Padre –escribe san Francisco de Sales–, sino por este camino; pues así como el espejo no podrá reproducir nuestra imagen si no conserva por detrás un baño de plomo o de estaño, tampoco la Divinidad podría ser bien contemplada por nosotros en este bajo mundo si no se hubiese unido a la humanidad sagrada del Salvador, cuya vida y muerte son el objeto más proporcionado, suave, delicioso y útil que podemos elegir para nuestras meditaciones" (San Francisco de Sales, *Introducción a la vida devota*, parte II, cap. I).

Cómo olvidar las palabras que san Juan de la Cruz pone en boca del Padre, que se dirige al "Hijo de sus complacencias".

> "....y el que nada te semeja,
> en mí nada hallaría.
> En ti solo me he agradado,
> ¡oh vida de vida mía!
> ...
> Al que a ti te amare, Hijo,
> a mí mismo le daría,
> y el amor que yo en ti tengo,

Evangelistas, la del P. Leal (BAC), o un comentario breve como el de la colección "Verbum Salutis", sin excluir una de las colecciones que dividen los capítulos en temas de oración. Éstos dan la división de los puntos, algunas buenas sugerencias, y libran a algunos de la indecisión.

ese mismo en él pondría,
en razón de haber amado
a quien yo tanto quería".

> (Romance sobre el Evangelio "In principio erat Verbum", acerca de la Santísima Trinidad).

2.- En la contemplación del misterio no solamente descubrimos a Jesucristo, sino también aficionándonos a Él, por Él nos aficionamos a las virtudes difíciles: "Los niños pequeños, a fuerza de oír hablar a sus madres y de balbucir vocablos con ellas, aprenden a hablar; nosotros, permaneciendo junto a nuestro Salvador, mediante la meditación, considerando sus palabras, sus acciones y sus afectos, aprendemos, mediante su gracia, a hablar, a obrar y a querer como Él" (San Francisco de Sales, *Introducción a la vida devota*, parte II, cap. I).

2) Sugerencias para preparar *una contemplación*:

a) Leer lentamente la escena evangélica que se va a contemplar, por ejemplo: la pecadora en casa de Simón, en Lc 7, 36.

b) Primer caso: Se puede prever que una frase (por ejemplo: "sus numerosos pecados le son perdonados porque ha amado mucho"), me detendrá y me bastará mañana.

Se tendrán en cuenta para la oración las sugerencias de la pág. 16.

Segundo caso: Una sola frase ciertamente no me bastará; pero mi preparación se limita a la lectura del Evangelio.

Más aún, si la página del Evangelio es suficiente, será bueno:

1.- *Dividir la escena* en dos o tres "puntos":

– La pecadora acude a Jesús.
– Unge los pies de Jesús.
– Recibe la absolución pública.

2.- *Ingeniarse por poner a Jesús en primer lugar* como actor principal; hemos dicho el porqué en la pág. 37.

Dejaremos, pues, a la pecadora por Jesús:

– Jesús atrae y espera, *conociendo y queriendo*, a la pecadora.
– Jesús acepta sus homenajes.
– Jesús la defiende y la absuelve públicamente.

3.- *Precisar lo que* san Ignacio llama *"los preámbulos"* de la oración, es decir:

Las líneas generales de la escena que se va a contemplar ("primer preámbulo"); esto equivale más o menos a los tres puntos precisados anteriormente.

El fruto que espero y deseo vivamente ("segundo preámbulo") por ejemplo: conocer íntimamente a este Jesús misericordioso y bueno, o experimentar yo también lo que evocan las palabras: "Tus pecados te son perdonados. Vete en paz".

c) Está dicho lo esencial, y más de uno se contentará con estas indicaciones. Sin embargo, si alguno quisiera más, utilizará para prepararse, el "hilo conductor" de la contemplación indicada en la pág. 35 y reproducido aquí esquemáticamente:

Renunciamos a llevar más lejos al lector. Si él ha leído cuidadosamente lo que se ha dicho, sabe lo fundamental.

3) Sugerencias para preparar *una meditación*:

a) ¿Qué tema tomar? Se empezará sin duda por los textos evangélicos, como el Sermón de la Montaña: "Dichosos los pobres en el espíritu... Ustedes son la sal de la tierra" (Mt 5).

b) Sugerencias. Siempre será útil, al igual que para preparar la contemplación:

– *prever dos o tres "puntos"* para mantener un elemento de variedad,

– *precisar los "preámbulos"* como ha sido explicado en la pág. 52 y no despreciar el humilde procedimiento de la pág. 41, ejercitando la *memoria*, la *inteligencia* y la *voluntad*.

c) Ejemplo: "Ustedes son la sal de la tierra" (Mt 5), meditación para la fiesta de un santo Doctor.

Alguno se contentará con prever una consideración, como sigue:

"Eres tú Señor el que debe ser la *sal* de mi inteligencia, de mi corazón. ¡Sélo!" o: "¿Cómo puedo mostrarme *sal* en mi medio?"

Algún otro se ajustará más al pie de la letra al esquema teórico de la "Meditación", aunque siempre con libertad de espíritu y en un ambiente afectuoso y suplicante:

Memoria. *¿Quién dice esto?*

> El que por excelencia ha sido y permanece *sal* de la humanidad y de cada alma. (Por el Evangelio, la Eucaristía, el Espíritu Santo).

Inteligencia. *¿Qué quiere decir esto?*

> La sal tiene dos propiedades:
>
> – Impide la corrupción.
>
> – Da sabor a los alimentos.
>
> *¿Cómo* un apóstol, un cristiano, puede ser sal en su medio?

Voluntad. Sentimientos: dolor, deseo...

> "Oración del mendigo" a Jesús,
> (que sea Él, ante todo, la sal de mi corazón, ver pág. 25).

Resolución.

¿Y, concretamente, esta noche?

– La preparación, de que estamos tratando, se puede hacer *mentalmente* en la noche. Pero si queremos de veras esforzarnos por volver a encontrar "gusto en la oración", no estará de más, sobre todo al comienzo (y después por un tiempo más o menos largo, o en ciertos períodos), *escribir* un esbozo de nuestro plan con palabras nuestras y con signos evocadores (hay puntos de interrogación y de exclamación que, bien colocados, dicen mucho), la primera palabra de una frase para gustar, de una oración por decir, de un canto. Todo esto hipotéticamente, porque quizá mañana el Espíritu Santo o mi imaginación me orientará no por otros rumbos, lo que sería una casualidad, pero sí de otra manera.

Ayudándonos quizá también de un pequeño folleto que indique las sugerencias dadas para los afectos (pág. 18) y para las reflexiones (pág. 27).

– Toda esta preparación, cualquiera que sea el modo, debe ir a la par con un mínimo de recogimiento. Es esto lo que san Ignacio quiere obtener cuando recomienda no solamente que me tranquilice –delante de Alguien, en espera de algo– por la mañana, al principio de la oración, sino también que, al acostarme y al levantarme, traiga a mi espíritu –inteligencia y corazón– los pensamientos y afectos que he preparado para mi oración (*Ejercicios,* nn. 73 y 74).

2. "La oración preparatoria". ¿Cuál es su utilidad?

San Ignacio sugiere al principio de *todos* los temas de oración lo que él llama "La oración preparatoria". "Consiste en pedir a Dios nuestro Señor que todas nuestras acciones, intenciones, operaciones, sean dirigidas únicamente en servicio y alabanza de su Divina Majestad" (*Ejercicios*, n. 46).

Para comprender su alcance, es necesario referirse al documento colocado al principio de los Ejercicios y de los cuales el mismo título dice la importancia, "Principio y Fundamento" (n. 23): Somos creados para Dios; hacia Él debemos, pues, orientar toda nuestra actividad interior y exterior, y esto a través de incidentes, circunstancias, sucesos y toda suerte de creaturas: todo es medio que nos ayuda a "alabar y servir a Dios".

Primer provecho: *para la misma oración.* San Ignacio nos hace aplicar este principio en el primer acto del día, que es la oración. Aceptamos, pues, por adelantado, y "pedimos a Dios nuestro Señor" el alabarlo y servirlo por todos los caminos que Él quiera, en el de la luz y de la consolación o en el de las tinieblas y de la sequedad.

Segundo provecho: *para todo el día.* Esta orientación fundamental del principio del día equivale a un disponerse a una invitación a introducir en todos los actos que vendrán la misma preocupación esencial del "Fundamento", la sobrenaturalización de todas las horas.

3. ¿Tiene algún interés el revisar –examinar– la oración?

1) Diariamente

a) Aquel que comienza a tomar gusto por la oración, aprenderá, examinándola para su provecho, aquello que le ayudó y aquello que más bien le estorbó.

b) Pero ¿cuándo hacer esta "Revisión"? Es difícil precisarlo. Quien conserva la preocupación, encontrará él mismo su solución. ¿Antes del desayuno? ¿Inmediatamente después? ¿Y por qué no en ese momento?

c) ¿Cómo se hace?

Primera manera: se responde a las siguientes preguntas:

1.- ¿Materia de la oración?

2.- ¿Éxito o fracaso? y *¿por qué?*

3.- Sentimiento dominante o "ramillete espiritual".

Se lograría más o menos esto:

1 de agosto: 1.- "Tuve hambre, y me dieron de comer..."

2.- Bien, porque he luchado por mantenerme recogido.

3.- Pensando en los desnutridos, me siento avergonzado de mostrarme delicado y exigente.

2 de agosto: 1.- "Dichosos aquellos que tienen un alma pobre".

2.- Regular, porque la preparación fue regular.

3.- Oh Jesús, el más Rico hecho hombre, dame un alma de pobre.

N. B. No solamente aprenderemos lo que es preciso hacer o evitar, sino que encontraremos en estas líneas, leyéndolas más tarde, lo mejor de nosotros mismos.

Segunda *manera:* quien quiere progresar, podría emplear un cuestionario más desarrollado sobre los dos siguientes puntos:

El clima y el ejercicio de la oración.

El clima de la oración:

1.- *Ayer,* ¿me preocupé por lo menos de un mínimo de *unión* con Dios?[2]

2.- *Cuando me acosté y me levanté,* ¿pensé en el tema de la oración?

El ejercicio:

3.- ¿*Preparé* la oración?

4.- ¿*La empecé bien?*

5.- ¿Fue afectuosa, *hecha con mi corazón* más que con mi mente?

¿Me esforcé en gustar las cosas sin apresurarme?

¿Utilicé especialmente las virtudes teologales?

6.- ¿*Me sostuve con ingenio en caso de sequedad?*

7.- ¿*Sin despreciar un minuto?*

8.- ¿La *revisé* y anoté brevemente los resultados?

---

[2] Cuando tengamos algún día de retiro podría ser más necesario el silencio de la lengua, el de la imaginación o el de la memoria.

Las condiciones de una oración fructuosa

Tendremos una cosa así:

Enero	12	13	14	15...
1.-	+	+	+	
2.-	−	−	+	
3.-	+	−	+	
4.-	+	−	−	
etc...				

Así se ve con facilidad el punto flaco, el cual debe ser especialmente vigilado.

2) Anualmente

Después de un tiempo de experiencia, por ejemplo, durante un retiro, será útil y fácil el responder a las preguntas siguientes que permitirán conocerse:

– ¿Qué es lo que habitualmente en materia de oración me aprovecha o me daña?

– ¿Qué "maneras" o *métodos* me aprovechan entre aquellos que se me han sugerido aquí o en otra parte?

– *¿Qué sentimiento* o "nota peculiar" o "fondo sonoro" me viene habitualmente? ¿La confianza? ¿El abandono? ¿La esperanza? ¿El deseo? ¿La reparación?...

– ¿Hacia qué *persona* soy atraído en mi oración?, ¿a Jesús?, ¿a María?, ¿al Espíritu Santo?, ¿al Padre?...

– ¿En qué *categoría de almas* me colocaría?

◊ ¿Soy de los que se contentan con leer libros, es decir, *con escuchar a los hombres*?

◊ ¿O de los que no saben más que *hablarse a sí mismos?*

◊ ¿O de los que tratan *de hablarle a Él?*

◊ ¿O de los que se preocupan también y sobre todo por lo menos alguna vez de *escucharlo a Él?*

PARTE IV

LAS DIFICULTADES CLÁSICAS DE LA ORACIÓN

Dejamos a un lado el tema de la *fatiga*. Si ésta proviene de un trabajo excesivo, el remedio eficaz será, sin duda, retrasar, al menos alguna vez, treinta minutos la hora habitual de levantarse, para que no sea lo mismo estar sentado y estar dormido.

Pero si el "fatigado" es un enfermo o un convaleciente, conviene que aparte de él la tentación del "Todo o Nada"; que se esfuerce por descubrir y utilizar sus aciertos –que sin duda todo el mundo tiene–. Si encuentra dificultad en hallar a Cristo en Getsemaní, y en hacer suya su oración, que se las ingenie para penetrar en el misterio, por ejemplo, del Costado abierto (Prefacio de la Misa del Sagrado Corazón).

En cuanto a las otras dificultades clásicas, debemos convencernos de que una oración *distraída* puede ser una verdadera y buena oración, y de que, aun una oración *árida* y *desolada* puede llegar a ser fructuosa.

Aprendamos a *mantenernos firmes* en las dificultades que encuentra algún día cualquiera que se entrega a la oración:

– La distracción.
– La aridez o sequedad.
– La desolación.

1. Sugerencias útiles para el alma distraída

Distraída a pesar de una preparación conveniente y un serio ponerse en presencia de Dios.[1]

En cuanto usted se dé cuenta de la distracción:

1) Oblíguese a *cortar* la distracción *por entero,* sin darle vueltas al asunto.

2) E ingéniese para *encontrar de nuevo,* en seguida, la *actitud de oración,* por ejemplo:

- Volviendo a ponerse, como al principio de la oración en presencia de *"Alguien".*

- Utilizando, en seguida, uno u otro de los medios indicados:

    Los actos de virtudes teologales,

---

[1] Se supone un alma que no está importunada por un negocio importante y urgente, o descentrada por una pasión culpable, o molestada por la jaqueca, o en una incapacidad congénita de recogerse y de fijar la atención.

la "oración del mendigo",
la "oración de las listas"...

una oración jaculatoria dicha lentamente o, ¿por qué no?, cantada.

O, para quienes sea de utilidad, adoptando una posición de oración un poco incómoda, como mantener los brazos en cruz, permanecer de rodillas o postrado en tierra...

3) Y ¿por qué no *utilizar las distracciones* mismas para transformarlas en oración? Esto puede ser posible alguna vez:

¡*Estos niños!*

- Oro por ellos, en su lugar.
- Ofrezco a Dios todas las molestias que ellos me causan.
- ¡No soy delante de ti, Señor, peor que estos niños?
- Ellos no me hacen caso, pero ¿yo te escucho a Ti?
- Sí, es *a ti mismo* a quien hago lo que a ellos hago, a los más pequeños de los *tuyos*.

¡*Qué día!*

No se quejaría el que se detuviera conscientemente en cada una de las acciones del día y delante de cada una:

a) Purificara la intención en el sentido de la oración preparatoria de la que ya hablamos, pág. 55.

b) Pidiera la gracia conveniente.

Las dificultades clásicas de la oración

¡Un asunto embarazoso!

¿Por qué no utilizar la "manera de hacer elección" de que habla el autor de los *Ejercicios* (n. 178) y que es una manera de hacer oración?

a) ¿Cuál es ese asunto?

b) (Verificación previa). ¿Busco únicamente la voluntad y gloria de Dios?

c) (Llamado a la gracia). ¡Ven, Espíritu Santo!

d) Buscar las razones *en pro y en contra*.

e) Me obligo a decidir.

f) Ofrezco a Dios mi elección "para que su Divina Majestad la quiera recibir y confirmar, siendo para su mayor servicio y alabanza".

4) *Tranquilicémonos siempre* con este argumento simple y consolador:

Dejar una distracción, es preferir a Dios y no a la distracción, es decir, al Creador y no a la creatura.

Y preferir a Dios, ¿qué es, sino un acto de amor?

Volver de la distracción a la materia de la meditación, una vez, cinco, diez veces es, pues, hacer otros tantos actos de amor.

Una *oración distraída* puede ser *una verdadera y buena oración*.

5) Si la distracción es muy fastidiosa, más que exponernos a divagar completamente, o a que la oración nos cause tedio, *fijemos nuestra atención:*

– Por una *lectura,* pero frecuentemente interrumpida por una elevación del alma.[2]

– Y, ¿por qué no *escribir?*

Sí, pero en este último caso se ha de tener en cuenta el consejo de algunos psicólogos (que hacen escribir lentamente y volver a escribir tres o cuatro veces en los mismos caracteres: *sanaré*), aplicándolo a un plano espiritual como:

Te amo, creo en tu amor hacia mí...

Se trata aquí de casos extremos, es verdad, pero sin embargo no quiméricos. Si no hay más remedio, se tendrá que hacerlo a veces, con provecho propio.

2. El porqué de la sequedad

> *"Tengo sed de ti como tierra reseca"*
> (Sal 143, 6)

Investigar el porqué de la sequedad será ya, sin duda, insinuar el remedio.

Quizá no sea por demás distinguir tres clases de aridez:

- la del alma tibia que no hace nada por salir de la tibieza;
- la aridez ascética del alma de buena voluntad,
- y la aridez espiritual o mística del alma llamada a la "contemplación".

---

[2] Utilizar, por ejemplo, las tres sugerencias de la "Oración de las listas", pág. 43.

Las dificultades clásicas de la oración

Las tres llevan consigo la incapacidad para "meditar", pero la aridez espiritual incluye también el desprendimiento completo de las creaturas, y el recuerdo persistente y doloroso de Dios, deseado y ausente.

La aridez ascética trae consigo el desprendimiento de lo creado, pero ignora este sufrimiento del Dios ausente.

En cuanto al tibio, no conoce ni una ni otra de estas dos experiencias.

Aquí no tratamos sino de la aridez ascética del alma de buena voluntad.

1) Una razón seria de la sequedad podría ser el *poco conocimiento* de los dogmas de fe, por parte de aquel que hace la oración. ¡Cómo hacer oración si Dios, Jesucristo, el Espíritu Santo, el Cuerpo Místico, la Gracia... encuentran en nosotros poquísima resonancia!

¿No nos las podríamos ingeniar para reservarnos cada día algunos minutos de lectura personal, nutritiva? Se podría también anotar la frase de la lectura o de la homilía que más haya interesado o impresionado y que, escrita en una libreta, podría ayudar al espíritu en dificultades, durante la oración.

2) Quizá convenga decir algo de la falta de *habilidad:* ya sea para desarrollar un pensamiento o para hilvanar un sentimiento (págs. 17 y 27), ya sea para escoger o preparar la materia de oración (pág. 51).

3) Y si esta aridez encontrara su explicación en la *inadvertencia* para distinguir dos nociones o conceptos un tanto sutiles, pero que conviene no confundir: lo *confuso* y lo *vago*.

Cuando yo no tengo sino una idea *vaga* de Dios, no tengo *nada* en la cabeza ni en el corazón. Entonces debo caer en la cuenta y utilizar las sugerencias dadas más arriba. Si no, pierdo mi tiempo.

Pero la idea de Dios puede ser *confusa* y esto ya es otra cosa:

Sin duda Dios es el Inaccesible, el "Trascendente", y, sin embargo, nosotros no ignoramos todo lo que es Él.

Va dejando como un perfume que permanece después de su paso –y esto ya es algo–, y que despierta una nostalgia hacia ese Indispensable al que nosotros buscamos "a tientas" (Hech 17, 27).

Todo esto, por confuso que sea, me hace comprender la admirable frase que Pascal pone en sus labios: "Tú no me buscarías si no me hubieras encontrado ya".

Lo he encontrado, pero, como está dicho, en la búsqueda.

En este caso es necesario animarse, seguir buscando, llamar, esperar, creer, amar, y quizás abrir *La Subida del Monte Carmelo* (libro II, cap. XI, ed. de la BAC).

Es una necesidad y una gracia comprender que es necesario pasar de la devoción "sensible" a la devoción "teologal".

3. Perspectivas tranquilizadoras para el alma desolada

1) En la desolación, descubrirás que estás como Jesús en el Huerto, triste, desolado, con tedio, sintiendo la necesidad de la presencia de los Apóstoles, repitiendo lo mismo: "Padre, si es posible...". Trata de mostrarte más animoso que ellos y de hacerle compañía a Él durante media hora.

2) Y si encuentras *una explicación, un sentido, una razón,* a tu pena, ¿no sería ya esto un consuelo?

San Ignacio sugiere tres, entre otras (*Ejercicios*, n. 322):

a) Misericordiosamente, Dios podría en esta forma *llamar al orden a un amor perezoso por nuestra parte:* "Moisés, despójate de tus sandalias" (Éx 3, 5).

b) O bien, ¿no querrá –y esto es también misericordia– *instruir mi amor, todavía inexperto,* y enseñarlo a aceptar que todo lo bueno que hay en mí viene de Él? ¿Qué puedo yo solo? ¡Basta examinarme a mí mismo ahora!

La desolación, como la aridez, me vacía de mí mismo, ahuyenta mi secreta autosuficiencia y me hace apto para las grandes cosas. Como el fuego hace "salir la resina" de la madera arrojada en la chimenea y la hace así apta para inflamarse (San Juan de la Cruz, *Noche oscura*, libro II: "Noche pasiva del espíritu", cap. X).

c) Misericordiosamente también Dios podría *estimular mi amor generoso.* Él quiere ver si lo sé servir desinteresadamente.

Quizás el alma, delante de tales beneficios, comprenda un poco menos mal este consejo, un tanto extraño, que le da el autor de los *Ejercicios* (n. 13): de prolongar un poco más la oración, "Alguna cosa más de la hora cumplida", si el alma está tentada –y muchas veces lo está– de abreviar el tiempo de oración.

4. Conclusión

1) Habrá algunas almas que conozcan, sin duda, otras dificultades, pero no nos proponemos hacer aquí un Tratado de Oración.

2) Sin embargo, conviene no ignorar que algunas pruebas pueden llegar a ser, alguna vez, una *señal* de *Dios*, y como una invitación para subir más alto.

3) Comprendamos, al menos, que todos estos contratiempos espirituales *tienen un sentido, que son útiles, que es necesario abandonar absolutamente esta idea infantil:* "Una buena oración es aquella en la que todo marcha sin esfuerzo".

PARTE V

LAS EXIGENCIAS DE TODA ORACIÓN

No hay que maravillarse de que antes de comenzar un acto tan importante como la oración, se impongan algunas precauciones o prevenciones.

Expondremos tres, escogidas entre muchas otras:

1. Trabajar en dominar la **memoria** y la **imaginación.**

2. Sostener la víspera **un mínimo de unión con Dios.**

3. Aceptar, pero con prudencia, **algunos "slogans" apostólicos.**

El no preocuparse de estos contornos de la oración, ¿no es la razón frecuente de la falta de interés?, manifestada demasiado a menudo, por esta actividad esencial de la vida espiritual?

1. Disciplinar la memoria y la imaginación

"De buenas servidoras", la imaginación y la memoria, así como la sensibilidad, llegan a ser *"duros tiranos"*, cuando escapan al control de la razón y de la voluntad. Cierto que todo el mundo sufre las distracciones, las imaginaciones, los recuerdos incómodos, las ideas locas. Pero unos se dan cuenta más o menos rápidamente; otros, en cambio, sólo hacia el final de la oración. Los primeros, al notarlo, ponen diques y se liberan con más o menos facilidad. Los segundos son arrastrados por el torrente.

¿Pueden ser disciplinadas verdaderamente la memoria y la imaginación? Nunca es demasiado tarde para intentarlo, pero evidentemente que desde la escuela primaria se deberían hacer los primeros ensayos.

¿Cómo lograrlo?

Primer caso: Es un hecho que en nuestra cabeza todo se mantiene y se encadena: una imagen, un recuerdo arrastran más o menos conscientemente y más o menos peligrosamente, un estado de inquietud, de atracción, de ensueño o de euforia.

Sería bueno intentar –y no una vez solamente– volver sobre el hecho, por ejemplo: regresando sobre el origen de una larga distracción o de un estado de decaimiento o de tristeza, para encontrar la causa que lo ha desatado: hace una hora, o un día...

Si somos prudentes y sinceros con nosotros mismos, nos decidiremos a no jugar con esos "copos de nieve" (imagen, recuerdo, fotografía, canto, persona...) que provocan la avalancha.

Segundo caso: Pero parece que algunos no lograrán sino con gran dificultad el gobierno de su interior, a causa de una larga costumbre de divagar. ¿Hay que desesperarse de estas almas? Ciertamente no, con algunas condiciones:

1) Distinguir entre "hacer oración" y "orar".

"Hacer oración", es permanecer en oración, a una hora fija, cada mañana, durante un tiempo determinado, o por mis propósitos, cualquiera que sea mi deseo actual y mi facilidad.

"Orar" es detenerme durante el día delante de Dios, por un instante, no importa dónde, y no importa cuándo, para entregarle y decirle mi adoración, mi reconocimiento, mi agradecimiento, mi arrepentimiento, para pedirle para mí y para los demás las gracias necesarias.

Intenta, pues, *orar* durante el día, aun cuando no puedas *hacer oración*.

2) Aun en el tiempo determinado para la oración, ¿todas las salidas están verdaderamente cerradas para ti? ¿Ya no hay nada que hacer?

– ¿No puedes meditar mientras caminas? (evidentemente en un lugar recogido).

- ¿O escribir, como se ha sugerido?, pág. 66.
- ¿O hacer un Vía crucis (no importa dónde), lo cual es una excelente oración corporal–vocal–mental?
- ¿Cantar?
- ¿Rezar el rosario?...

"Dios no regatea su gracia al que hace lo que está al alcance de sus fuerzas".

2. Preocuparse la víspera por un mínimo de unión con Dios

Algunas almas se entregan a la oración sin prontitud de ánimo. Parece ser que estarían contentas si una razón legal viniera de pronto a dispensarlas de toda oración o de parte de ella.

¿Qué hay en el fondo de esta apatía, por no decir antipatía?

Muchas causas, de las cuales la más evidente es quizá sencillamente la que sigue:

Durante el día, se pueden hacer componendas –sin pecado grave, claro–, con las exigencias del deber de estado, con la voluntad de Dios; se llevan unas relaciones con Dios que son muy distantes y casi oficiales.

O bien, se olvida fácilmente la ley general de la vida espiritual: "el que toma de buena gana las mortificaciones ordinarias, logra *más fácilmente las cosas espirituales*". "... que caminando en austeridad de vida alcancemos más fácilmente los bienes del cielo..." (Oración colecta de la Misa de san Pedro de Alcántara).

"Puedo decirte, hermano mío, que yo no supe lo que era la contemplación, hasta que dejé todo cuidado de mí mismo. El día en que me desembaracé de mí mismo, empecé a tomar gusto a la oración" (*San Alonso Rodríguez,* hermano coadjutor de la Compañía de Jesús).

Sin embargo no es siempre sólo la falta de fervor o mortificación. Es quizá nuestra actividad profesional desmesurada la que debemos considerar, para que las preocupaciones del deber de estado no irrumpan sobre la oración, lo material sobre lo esencial.

¡Todo eso te lo confío a Ti, Señor!

Cualquiera que sea la causa, no busquemos en otro lugar sino en esta ausencia de contacto con Dios *ayer,* la razón de la falta de interés por encontrarlo, experimentada *esta mañana.*

El que saborea "las cebollas de Egipto" encontrará difícilmente algún "deleite" en el maná celeste.

Un mínimo de familiaridad con Dios[1],

de unión a su Voluntad o a su Presencia

hoy

es indispensable para encontrar

mañana por la mañana

un mínimo de gusto en la oración.

---

[1] La unión con la *Voluntad* de Dios es lo esencial: estar *allí donde* Dios me ha colocado, hacer *lo que* Él me pide y *como* Él me lo pide. Estoy verdaderamente *unido a Dios* aun si mi trabajo es de tal modo absorbente que me resulte difícil el ascenso hacia su *Presencia.* Jesús me tranqui-

Las exigencias de toda oración

Es, pues, preciso preocuparse por crear un clima favorable: Oración y Vida hacen uno. Si mi día ha sido fervoroso, no es seguro que mi oración mañana por la mañana sea particularmente provechosa, pero *"mi corazón estará allí presente"*.

3. Aceptar con prudencia algunos "slogans" apostólicos

Es preciso confesar que todos ellos son impresionantes.

"Pedro, ¿me amas? –Apacienta mis ovejas".

La más bella prueba de amor por Cristo es la caridad apostólica en provecho de su rebaño.

"Todo lo que hagan por estos pequeños, *a mí* me lo hacen".

Pero allí está también para nosotros, pobres hombres, la dificultad.

¡Cómo mantenerse, sin orar desinteresadamente, a ese nivel de *caridad teologal* en un mundo lleno de emboscadas y donde todas las ovejas no son, de ninguna manera... unos ángeles!

Por esto, no debemos olvidar otra frase de Jesús al mismo Pedro: "Velen y oren para que no caigan en la tentación".

---

liza: "no son los que dicen: ¡Señor!, ¡Señor!, los que entrarán en el reino de los cielos, sino los que hacen la voluntad del Padre". Por supuesto, el ideal sería separar lo menos posible: Búsqueda de la *Voluntad* de Dios y Búsqueda de su *Presencia*.

"El apostolado, alma de toda vida interior".

¡Es verdad! El trabajo apostólico nos lleva a practicar las virtudes austeras, a vencer el egoísmo, la pereza, la irresponsabilidad, la timidez...

¡Y es, además, de un estímulo para la entrega de nosotros mismos! "Todo lo que hacen a uno de estos pequeños... *a mí* me lo hacen".

¡Y qué exigencia para recurrir a la oración! ¡A menudo nos encontramos frente a un muro!

Y ¿qué podemos concluir de aquí? No ciertamente que la oración es menos útil que la acción, ni menos apremiante. Jesús mismo me impide pensar esto: "Sin *mí, nada* pueden hacer".

No solamente *por* el apostolado, sino *por* y *para* el apostolado, intensificaremos nuestra vida interior.

"Solamente la vida interior es el alma de todo apostolado" (Juan XXIII, 2 Jul. 1962).

"No hay tiempo que perder; la casa se quema".

¡Cómo dudar de que las necesidades son urgentes!... Tengamos calma, sin embargo, y convenzámonos de que, orando, estamos firmes en el "puesto de socorro". Así, actuamos también y nos reunimos con los salvadores. Pero para comprender esto, hace falta la *fe*.

"Cualquiera que sea tu motivo –es una religiosa quien lo dice–, **el trabajo está allí".**

1) Un religioso, muy activo, pero espiritual, al oír esta excusa se contentó con responder: "Dígales que están condenadas a morir".

En efecto, ellas ponían en peligro la vocación, o al menos, el crecimiento del alma religiosa:

La vocación:

> a los treinta años, una persona no puede
> *sin Dios*
> vivir *para solo Dios*
> (es decir, sin familia, sin hijos, sin libertad).

El crecimiento del alma religiosa (por lo tanto, también en cierto sentido, el reclutamiento de la Congregación). Nietzsche decía irónicamente: "Sería necesario que sus discípulos tuvieran un aspecto de más salvados para que yo crea en el Salvador". Sería necesario, añadiríamos, que una persona religiosa diera la impresión de haber acertado con su vida, para que alguno tuviera la idea de seguir ese mismo camino.

2) "Pero, de cualquier modo, estamos en el engranaje y no hay nada que hacer..."

No quiero juzgar a tu Superior, pero he aquí para ti, "Inferior", dos medios de tranquilizar tu conciencia:

a) *Índices de seguridad*

Podrás sentirte seguro:

– Si no has tomado la responsabilidad del trabajo excesivo, y, por lo tanto, del abandono de la oración.

– Si experimentas y cultivas la pena de no poder hacer oración a gusto.

– Si durante el día, no pierdes el tiempo en cosas inútiles.

– Si le entregas a Dios el poco tiempo de que realmente dispones.

– Si terminando el exceso de trabajo, en vacaciones por ejemplo, le entregas a Dios lo que le debes.

b) *Sugerencias para compensar*

Pon ante todo, el acento:

– En la *pureza* de corazón, y confiésate, si es posible, más seguido.

– En la práctica de *oraciones jaculatorias:*

"Cuando se pasaba el tiempo de hacer oración a *causa de ocupaciones necesarias* (san Francisco de Sales), quería que esta falta se reparara por frecuentes momentos de recogimiento. Aseguraba que así se repararían todas las ruinas y se podrían hacer grandes progresos en la virtud" (Camus, *El Espíritu de San Francisco de Sales,* parte II, cap. V).

– Acerca de la *mortificación:* Ofrece a Dios conscientemente los pequeños sacrificios del deber de estado, de la vida común... Nada tranquiliza más que hacer buena cara a las pequeñas penitencias cotidianas.

c) Aunque quizá no sea nuestro caso, es bueno que oigamos la advertencia que con dolor hace santo Tomás: *"Lo que impulsa a la mayor parte de los que se entregan a la acción, no es la caridad perfecta, sino más bien el disgusto de la vida contemplativa".* (Citada por Mgr. Philippe, O.P., en *Les fins de la vie religieuse selon saint Thomas d´Aquin,* p. 70).

4. Conclusión

A propósito de todas estas cosas que se dicen o se leen, nos remitimos a la advertencia de san Pablo:

"Examínenlo todo y quédense con lo bueno" (1 Tes 5, 21).

Pero aún quedamos con la duda de si la oración, entendida como se quiera, bastaría para solucionarlo todo. "Una cosa importante –escribe san Vicente de Paúl a un misionero– a la que debieran dedicarse con gran empeño, es a lograr una íntima comunicación con Dios en la oración. Éste es el depósito en el que encontrarán las instrucciones necesarias para entregarse a su deber" (*San Vicente de Paúl*, ed. Costes, t. XI, p. 344).

Pero no vayamos al lado contrario:

"Amemos a Dios, hermanos –es el mismo santo quien habla–, amemos a Dios, pero con el esfuerzo de nuestros brazos, con el sudor de nuestra frente. Porque muchas veces, tantos actos de amor a Dios, de complacencia, de afecto y otros semejantes movimientos y prácticas interiores de un corazón tierno, aunque son muy buenas y recomendables, son, sin embargo, muy sospechosas, cuando no vienen acompañadas con la práctica de un amor efectivo..." (*Ibíd.*, p. 40).

"Hay que hacer esto, sin descuidar aquello" (Mt 23, 23).

PARTE VI

Término ideal de la oración y de este libro

(Apocalipsis 3, 20)

He aquí que estoy a la puerta...

Es el Señor, mi Dios, mi Salvador, el que habla, el que me habla. Está siempre delante de mí por su presencia de inmensidad. Habita en mí por su presencia de gracia, pero cuando Él dice que está delante de mi puerta, Él habla de amistad.

"Junto a mi puerta". Todo el día, sin duda, pero más especialmente esta mañana, en el momento de mi oración. No está separado de mí, sino por el delgado tabique de la fe. ¡Señor, despierta mi atención! La Luz, la Verdad, la Vida, el Camino, el Amor, está a mi puerta!

... y llamo

Él empieza, como siempre. "Él nos amó primero". La iniciativa sólo puede venir de Él, porque Él es la Gracia, y porque el Amor lo apresura.

Él se invita, sin más, como un familiar, y con gesto simple, tan sencillo...

...y espera. No fuerza la entrada de la casa. Quiere una acogida franca, voluntaria, libre. Da un golpe.

¿Llamará dos veces? –Lo hemos acostumbrado a esperar–. ¿Insistirá?

Si alguno oye mi voz...

No todo el mundo la oye: En el interior resuena quizás un fondo sonoro, demasiado ruidoso, que ensordece; o bien, el alma está acaparada por lo exterior. –"¡Discúlpame, por favor!"

También por deberes "imperiosos" o... "más importantes". Y en el fondo, ¿quiero en verdad escuchar esa voz? Ese ruido de la puerta... ¡debe ser el viento!

Para oír el llamado de tu Corazón, Señor, es necesario un cierto silencio interior, una memoria un tanto controlada, una carne un tanto mortificada, una actividad disciplinada, un corazón expectante.

Y, asegurado esto poco, ¡qué gran experiencia en perspectiva! Para todos. Sí, para todos, aunque a cada uno según su gracia.

"Si alguno oye mi voz"... ¿Un santo?, ¿una mística? No, no importa quién, alguien: tú, yo...

No traigamos como pretexto nuestra indignidad. Ella es grande, en efecto, pero Él la conoce mejor que nosotros y, sin embargo, Él se invita. Cuando Zaqueo, sobre el sicomoro, oye que lo llaman por su nombre: "es preciso que me aloje hoy en tu casa", se ha considerado a sí mismo y objeta: "¡pero yo no soy sino un publicano!"

Todos somos publicanos y pecadores. Pero ahora conviene que esto suceda.

... y me abre...

Esto es lo importante. Cualesquiera que sean los medios que usemos, y la manera de ingeniarnos en la oración y en los métodos, lo esencial está allí: "abrir", y que el Señor pueda entrar como en su casa.

Y allí está también algunas veces la dificultad. No nos expondremos, pensarán algunos, a encontrarnos muy cerca, demasiado cerca de Él, si llega a pasar por la puerta. Cuando vemos a Zaqueo, a quien Jesús, sin embargo, no pide nada, y que espontáneamente ofrece con exceso: "Daré la mitad de mis bienes a los pobres, y si en algo defraudé a alguno, lo restituyo el cuádruple". Confesemos que esta imprudencia tiende naturalmente a volvernos prudentes.

Arriesguémonos en esta santa imprudencia. Vayamos corriendo a abrir la puerta.

... yo entraré...

Santa Teresa ha podido exclamar: "¡Oh Señor y esposo mío, que ya es llegada la hora tan deseada!, tiempo es ya que nos juntemos..." (*Santa Teresa, Obras*, BAC (1959), t. III, p. 899). Si yo de repente te viera con mis ojos, me quedaría estupefacto. Yo, Señor, no te veo, y durante mi oración no te veré. Yo creo solamente, pero creo firmemente. Tú dijiste: "Si alguno me abre yo entraré". Tú dijiste: "Si alguno me ama, yo lo amaré". Te tomo la palabra. Entra en el gozo del pobre hombre que acepta ser amado por ti.

... y cenaré con él y él conmigo

Esta promesa formidable me desconcierta... y no puedo precisar lo que significa concretamente para mí; pero tengo la intuición de una realidad espléndida para mi corazón.

Comida vespertina, al resplandor del hogar, las puertas cerradas, dejada toda preocupación por el trabajo, en la intimidad, "Él conmigo, y yo con Él..." En esta evocación oriental Jesús me hace situar el término ideal de la oración y de la vida espiritual.

Por esto, aun cuando cada mañana, en mi oración a Dios, me encuentre con el ánimo pesado, mi fe y mi amor me estimularán y me impulsarán a *abrir la puerta.*

Y cuando me encuentre delante de Ti, Tú tendrás seguramente algo que decirme. "Habla, Señor, que tu siervo escucha". Y, si Tú me dejas hablar, añadiré sencillamente: "Oh extraordinario amigo, Tú no te muestras contrario a entrar en mi casa. Tú me aceptas como soy. Acaba de mostrarme tu amor, enseñándome a vivir este intercambio de amor, aunque soy indigno".